Fratzenwelt

Texte von Marco Hirsch

Monotypien von **Sebastian Schwarzmeier**
„Egon Watzlafski" von **Markus Bogasch**
„Nach Dienst" von **Gerhard Hammer**
Titelbild, „NO WAY", „kein Titel",
„kein Titel", „Fliegen im Wasser sich windend",
„Wollknäul in Gefangenschaft" von **Sabine Mühlbauer**

11/98 – 1. Auflage

ISBN 3-932481-19-4

Verlag Modernes Wissen
Bücher · Software · Digitale Publikationen

Zerrbild
Verhöhnung
Spottbild
Verfälschung
Verzerrung
Karikatur
Verunstaltung
Entstellung
Fratze
Maske
Grimasse
Mienenspiel
Unschuldsmiene
Ausdruck
Leidensmiene
Leichenbittermiene
Trotz

der Inbegriff alles Seienden
Erde
Lebensraum des Menschen
in sich geschlossener (Lebens-)Bereich
Mundus
Erdkreis
das irdische Jammertal
das Diesseits
Welt
All
...es ?
Weltraum
Glauben
Makrokosmos
eigene Gedankenwelt
Universum
als Ggs. zur religiös-sakralen Sphäre das Profane

Ein Gedicht (Teil I)

Probleme
aufgestaute Probleme
ein Stift als Abfluß
ein Blatt Papier als Klärbecken
ein Gedicht

Ein Gedicht (Teil II)

ein Gedanke
noch ein Gedanke
weitere Gedanken
eine Gedankenkette
eine Idee
ein Bild oder kein Bild
eine Form oder keine Form
Notizen
Überlegungen
Notizen
durchgestrichene Notizen
zerknülltes Papier
ein neues Blatt
letzte Änderungen
ein Gedicht

Blauer Kreis

vivant sequentes!

reinstes blau
nicht jetzt und nicht später

ihr mischt die farbe
mit schwarzem grau
denn ihr sorgt euch um damals
und um jetzt

sakrileg

ihr seid im bilde
aber ihr seid clever
und zeichnet pläne für einen roten zirkel
anstatt blau zu denken für die zeit nach jetzt

vivant sequentes!

aber nicht um rot zu sehen

100 kleine Männchen

Irgendwo auf einem Hügel leben 100 kleine Männchen.
Alle kleinen Männchen sind rosa.
Bis auf ein kleines Männchen.

Es ist grün.

Es hat sich rosa angemalt,
    damit die anderen es nicht merken.
Das kleine Männchen fühlt sich gar nicht wohl hinter der Fassade.
Aber auch das zeigt es nicht.
Es würde sich vielleicht besser fühlen,
    wenn es die Wahrheit wüßte.
Wenn alle 100 kleinen Männchen die Wahrheit wüßten,
    würden sich 80 kleine Männchen besser fühlen.
20 kleine Männchen wären überrascht.

Die Wahrheit ist:
20 kleine Männchen sind blau.
20 kleine Männchen sind rot.
20 kleine Männchen sind gelb.
Und 20 kleine Männchen sind grün.
Alle haben sich rosa angemalt.

massenfütterung

darüber
wie es ist
wie es war

darunter
wie es gegessen
wie es unwahr

inmitten
wie gegessen wird
was unwahr ist

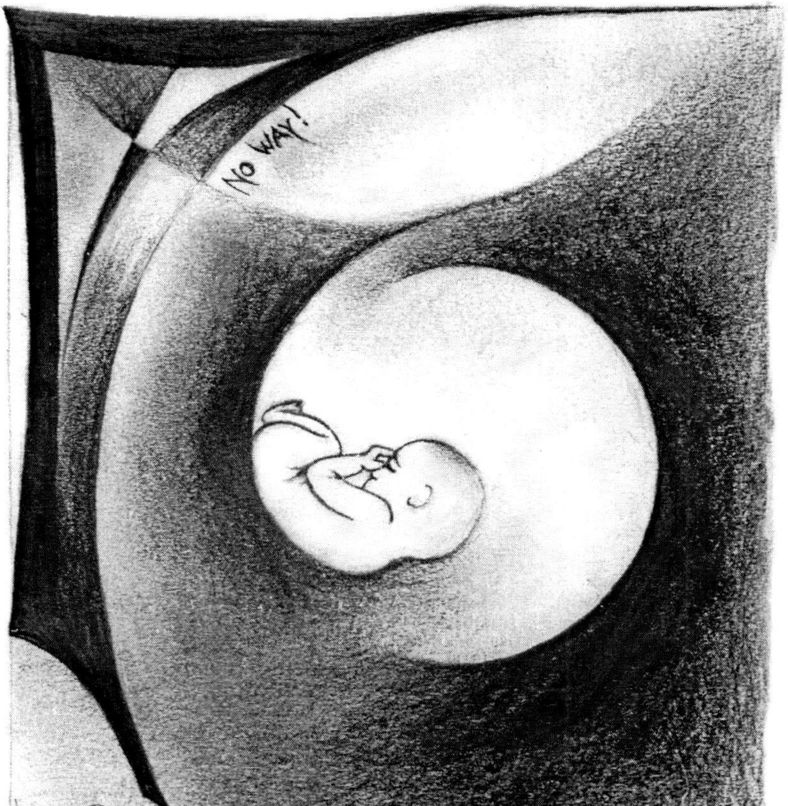

NO WAY

<u>Der tote Winkel</u>

B74, 4:37 Uhr:

gelb
gelb blau
Grelle Blitze blenden mich. blau
gelb blau
blau gelb

r
i e
S n ngeheule verursacht Schmerzen in meinen Ohren.
e

Schmerzen, die Nichts sind gegen jene,
die verbogene Metallteile und Glassplitter mir antun.

Und das BLuT, das ganze BLUt.
bLUT auf mir und auf meinen Freunden.

Meine Freunde !
Sind sie tot ?

Große Müdigkeit überkommt mich.
Und alles nur wegen diesem toten Winkel.

Ein kurzer Blick und ich hätte es gesehen.

Ich hätte gesehen,...
Ich hätte gewußt,
das sich dieses Rennen bei keinem
noch so hohem Einsatz gelohnt hätte.

Diese Müdigkeit und diese Schmerzen bringen mich um.

Und alles nur wegen diesem toten Winkel...
...in meinem Hirn.

Ich bin so Müde,
totmüde.

Das Gewitter

Die dunklen Wolken der Wahrheit
        ziehen über den optimistisch-blauen Himmel.
Findet man keinen Schutz bevor das Gewitter beginnt,
        braucht man viel Glück um den Blitzen ausweichen zu können.

Die Zeit wird knapp.

Das erste Grollen ist schon zu hören.
Aber man hofft, daß sich der Wind dreht und bleibt sitzen.
Weil man müde ist vom ständigen Schutz suchen.
Oder nur zu faul um sich zu erheben?

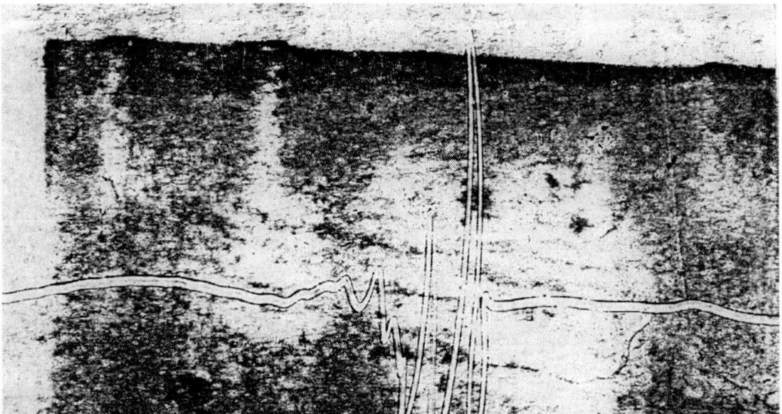

Verabredung...

der Erste ist zur richtigen Zeit am falschen Ort
der Zweite ist zur falschen Zeit am richtigen Ort
der Dritte ist zur falschen Zeit am falschen Ort

aber
irgend jemand ist zur richtigen Zeit am richtigen Ort

... mit irgend jemandem, den man verpaßt.

Eigentum

piepiep piepiep piepiep piepiep piepiep piepiep
piepiep piepiep piepiep piepiep piepiep piepiep
piepiep piepiep piepiep piepiep piepiep piepiep
piepiep piepiep piepiep piepiep piepiep piepiep

Taste ertastet

Traum wurde exekutiert

in den Tag gefallen

der Schlaf spielt Cowboy
Kaffee zersetzt das Lasso

Sehnsucht nach dem Abend
doch nichts zersetzt den Tag

nur gut so

denn Tage sind rares Eigentum

Egon Watzlafski
und einer seiner verzweifelten Versuche,
ein Brötchen durch die Nase zu essen.

*mor*te *gegen* heustern

heute morgen fiel mir auf:
heute ist nicht gestern morgen
aber
heute war gestern *morgen* und ist *morgen* gestern

außerdem war
morgen gestern morgen übermorgen
und
übermorgen ist **heute** vorgestern

verwunderlich ist auch, das
vorgestern zwar gestern *morgen* war
und
gestern **heute** *morgen* war
aber niemals gestern **heute morgen** ist

auch ist
morgen übermorgen gestern
und
gestern hat *morgen* viel mit **heute** zu tun

daraus folgt, das
heute kein *morgen* war

also wann ist mir das alles aufgefallen?

Tante Mili

in der Kindheit noch heiße Waffeln lieben
nach Jahren das ‚L' verschwinden lassen

‚ABC' mal ganz anders

nicht die Sprache nutzen um verstanden zu werden
sondern handeln

immer übertreiben
mit Kanonen auf Tauben schießen

keinen Respekt vor dem Leben
nur der Tod verdient Anerkennung

die Schwachen vernichten

der Countdown läuft:

Nicht
Leben
Das
Tieren
Respekt
Menschen
Tante
Mili

Wolfsfrau

Meine Gedanken sind meine Schafe.
Ich bin der Hirte.
Jedesmal wenn Du auftauchst,
brauche ich Tage
bis ich alle Geflohenen wieder eingesammelt habe.

```
C:\>type ascii.dat

01000100 01101001 01100101 01110011
00100000 01111010 01110101 00100000
10000001 01100010 01100101 01110010
01110011 01100101 01110100 01111010
01100101 01101110 00100000 01110111
01100001 01110010 00100000 01100101
01101001 01100111 01100101 01101110
01110100 01101100 01101001 01100011
01101000 00100000 01100111 01100001
01110010 00100000 01101110 01101001
01100011 01101000 01110100 00100000
01101110 10010100 01110100 01101001
01100110 01110110 00001000 00001000
01100111 00100001 00001101 00001101
00001001 00111010 00101101 00101001
[*http://www.fleder.home.pages.de*]

C:\>_
```

Bruder

sonne

vögel

fluß

wasser

junge am fluß

sonne blendet
vögel *k r e i s c h e n*
wasser voll dreck

erinnerungen
schreie am fluß
verstummen

lunge voll wasser

kein Titel

eine letzte Tür

übermütiges Stolpern
festen Blickes auf das Ziel

immer näher, immer schneller
vorbeiziehende Nichtigkeiten

Schlüssel verloren

Regen an der Scheibe
Prasseln im Kopf

Ruhe implodiert
keine Panik entwischt dem Sog

Klinke abgerissen

verbohrte Blindheit
wütende Verwesung

mit jedem Blitz zerfällt eine Hoffnung
mit jedem Donnerschlag endet ein Anfang

nichtiges Fenster

Blitze sind sichtbar
Regen prasselt

DIE UNGLÜCKLICHE

Lauscht man vergeblich nach dem echo
Ist
Es die hölle
Bis der krieg zu
Ende

IST

Liegt aber doch
Eigentlich kein sinn
In all
Dem mysterium

echte Stille

gibt es nicht.

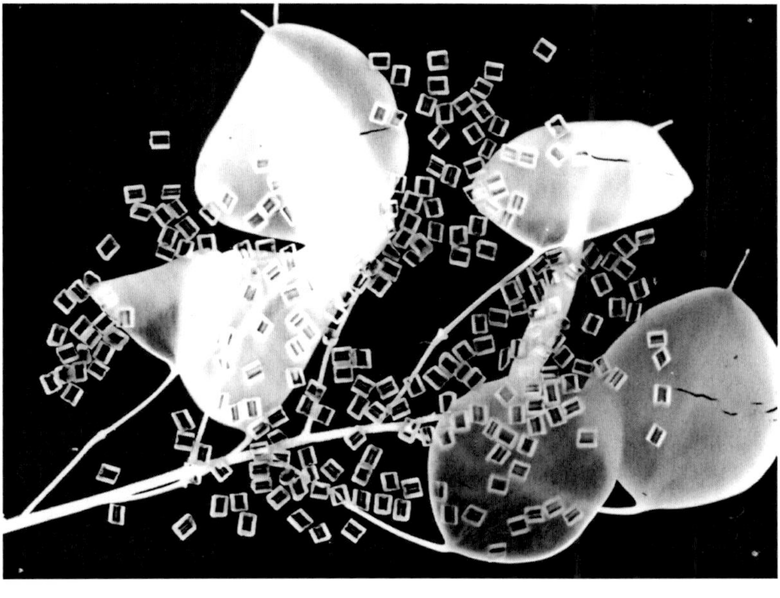

Verfolgt

Verfolgt von negativen Gedanken.
Gedanken, die beflügeln und gleichzeitig beschweren.
Aber was ist negativ ?
Gegensätze vom Gewohnten ?

Inessentiell ?
Ohne Opposition gibt es keine Ursache.

Vielleicht Essentiell ?
Gibt es nur Ebbe und Flut ?
Oder zählen gerade die Wandlungen ?
Wandlungen, ausgelöst durch eine gigantische Kugel,
welche nur teilweise oder ganz Sichtbar wird -
durch einen noch gigantischeren Feuerball.

Negativ...
Positiv...
Neutral...
Alles polymorphe Gebilde.

Nur Lebewesen, die in Gedanken auf eine feste Form fixiert sind,
werden Ebbe und Flut genannt.
Also sind Verfolgtgeglaubte EINsichtig ?
Fast unendliches Gedankenkreisen
bringt einem die Lage des Betrachters näher.
Ebbe und Flut nicht nur bestaunen, sondern hinterfragen. - Verstehen?

...

Ist es positiv aus tausend unverständlichen Fragen Millionen zu machen ?
Aber was ist positiv.. ?

auf der suche

durch den morast aus verrottenden worten waten

aus gesichtern gefallene worte
aus den gesichtern von denen

jene welche sind voller orientierung
wandern immer der sonne entgegen
sehen direkt in das zentrum
werden geblendet

morast aus worten
toten worten
behindert die suche

die suche
die suche nach worten

worten die sprechen können

Der Versuch

Rauchwolken steigen aus den Ohren,
in Gedanken wurden sie geboren.

Wie ? Was die da machen ?
Ich sag es euch - Ihr dürft nicht lachen.

Eigentlich ist's Sonnenklar,
'versuch was andres, trallala.

Ich wollte Sinn und Reim verbinden,
doch nun seh' ich beides schwinden.

Bin am Ende angelangt
und reimen tut sich's auch nicht mehr.

EROSion

ZUERST WOLLTE ICH ES AUCH ERLEBEN,
ES AUCH FÜHLEN,
GEBEN,
UND SPÜREN.

DENN ÜBERALL HÖRT UND SIEHT MAN
WIE SCHÖN,
EINZIGARTIG,
UND WUNDERVOLL ES IST.
MANCHE MEINEN SOGAR,
ES SEI DER SINN DES LEBENS.

DANN WAR ES DA.
UND ES WAR WIE PARANOIA.
EINE SCHWERE KRANKHEIT,
DIE DAS DENKEN VERHINDERT.

NACH EINEM SEHR LANGEN HEILUNGSPROZEß,
DER AUS PURER ZEIT BESTAND,
BAUTE ICH EINE MAUER AUF,
AUS ANGST WIEDER ZU ERKRANKEN.

SPÄTER IST DIE MAUER ZERFALLEN
UND ICH WAR BEREIT FÜR EIN NEUES SPIEL.

JETZT HABE ICH KEINEN PLATZ MEHR DAFÜR,
DENN ALLES IST ÜBERFÜLLT MIT LEERE.

Ein kurzer Augenblick im Übermorgen

Regeln liegen wie Steine auf dem Weg
und stören
das nackte Denken.

Kleidung ist verboten und nur noch
illegal zu beschaffen.

NACH DIENST

?

... ...
-
?-!...!-??
--!?--...?!
--?!?!

...
?-!...!!
??--!...!?...??
- - - - -

....
????
!
----- ----- ----- ----- -----
..?
----- -----
..?

..?
-
? ...

Wohin ?

wenn schweifende Blicke nicht halten können
wenn Unruhe öde zu werden scheint
wenn man zittert vor Kälte im nassen Licht
oder
vor Angst im(Schutze)der Dunkelheit

wenn Unpersönlichkeit auf kurz oder lang weilig wird
wenn man fort will,... aber bleiben muß

dann geht man an einen Ort
wo es warm ist,
wo man ruhen kann,
wo man fort kann,

einen Ort, von dem Freunde wissen,
wo sie einen finden können

einen Ort, der sich

„Zuhause" nennt.

...für Kathrin und Flo.

what a wonderful world...

a wonderful world
a wonderful
a wonder
wordful world
a world
a wnderful wderful
a werful world
what a word
a wrful world
a wful world
a word
awful world

keinTitel

Flüssiger Optimismus

Warum sind alle so schlecht gelaunt?
Ich verstehe das nicht.

Alle reden von Problemen.
Alle reden von Streß.
Man darf sich das alles nicht so zu Herzen nehmen.

Schaut euch um.
Es ist so schön hier.
Das grüne Gras.
Der sternhagelblaue Himmel.
Die Sonnen scheinen.

Alle sagen immer ich sehe schlecht aus.
Alle sagen immer ich mache es nicht mehr lange.

Und dann denke ich nach
und es ist mir egal.
Denn mir geht es gut.
Ich hab keine Probleme.
Und ich hab auch keinen Streß.

Prost!

Strom

gibt man das Schwimmen auf

ist man hingerissen
wird man mitgerissen
   von der Bequemlichkeit

treibt in den Ozean
und sieht kein Land mehr

Gedankenvirus

Herkunft	:	vermutlich dianoetisch
Art	:	destruktiv
Übertragung	:	durch Sprache, Gestik oder Mimik
Inkubationszeit	:	1 Sekunde bis 1 Monat
Symptome	:	ernstes Lachen und innere Unruhe
Eigenschaften	:	ernährt sich von Gewißheit und Stolz
Gefahrenstufe	:	je nach Form von ‚harmlos' bis ‚sehr gefährlich'
Heilmethode	:	unbekannt
Schutzmethode	:	Resolutionsimpfung
gefährdete Gebiete	:	Europa, Asien, Amerika, Afrika und Australien

mein kleines prosa Männchen

mein kleines prosa Männchen ist sehr anhänglich.
es **Gedicht** neben mir her.
wir beide lieben **unsinnig**.
am **Anfang** wußte ich nicht,
ob ich ihm ponieren oder provisieren soll.
aber es sagte zu mir:
„es fällt dir **vielleicht** er,
 wenn Du **Gewissen** Staben
 im Buch des **Lebens**
 Einfach keine **Bedeutung** zuschreibst!"

dann wurde mir bewußt:
für diese **Einsicht**
Würde ich mich nie genug bei
ihm **Gedanken** können.

Euphorisches Jahr

1
Die junge Flora leuchtet in ihrem schönsten Kleid
und verströmt ihr wundervoll duftendes Parfum.
Fauna's Symphonie in F-Dur
schwebt durch die Luft.
Sich vom Glück gewärmt
in das kühle taubenetzte Gras fallen lassen
und hoffen die Zeit bliebe stehen.

2
Seichter Atem. Drückende Hitze.
Energiereiche Photonen schießen
auf jede einzelne Zelle des Körpers.
Eine Insel flimmert in der Ferne
wie eine Fata Morgana.
Auf Milliarden sanft massierenden Körnchen gebettet,
faul vor sich hin dösend
dem flüstern der Wellen lauschen.

3
Die Weite verborgen durch milchige Luft.
Die Nähe gruselig durch tot aussehendes Geäst.
Von allen Seiten raschelnde Schritte
durch knöchelhohe, bunte Pflanzenkadaver.
Trotz nasser Lunge den Weg fortsetzen
und die unheimliche Kraft des Windes spüren.

4
Die klare Luft beißt in der Nase.
Überall weiße Formen
eingehüllt in beruhigende Stille.
Nur das Knarren der Schritte
und die Geräusche spielender Kinder aus der Ferne.
Einen Mann aus Watte bauend
sich freuen auf das wärmende Feuer im Kamin.

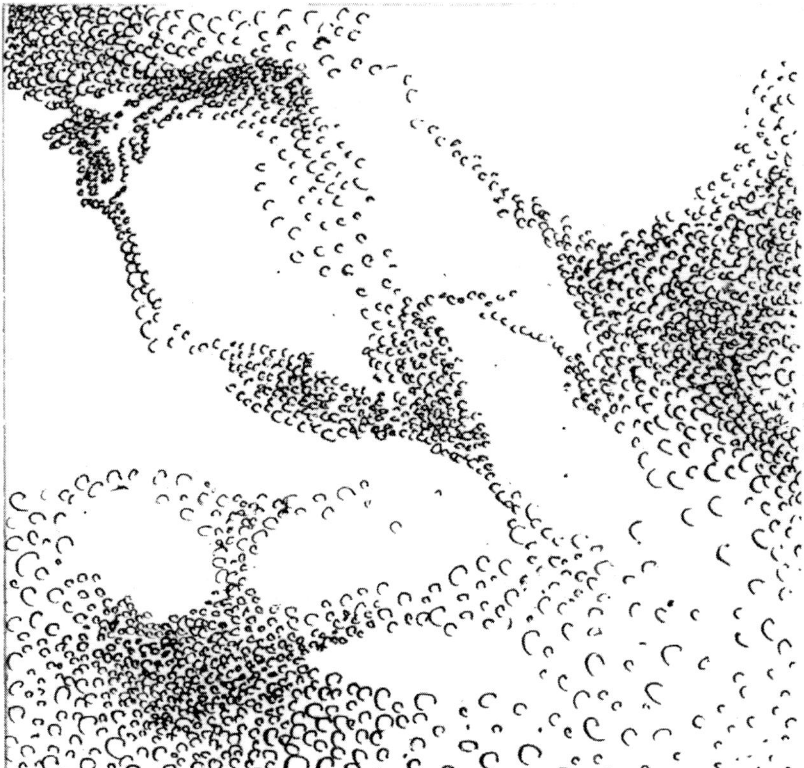

Fliegen im Wasser sich windend

SIE

der horizont brennt,
        während sich der himmel verdunkelt.

an leblosen felsbrocken
        zerbersten gewaltige Schaumriesen
                mit lautem zischen.

eine unsichtbare kraft
        verteilt reste davon
                in schreienden bäumen.

SIE ist wieder da.

das salzige ungeheuer hat SIE ausgespuckt.
erst hat es SIE gierig verschlungen
        und nun hat es SIE einfach wieder ausgekotzt.

...

jetzt liegt SIE auf einem bett aus stinkenden algen und schläft.
SIE schläft
        mit offenen, aufgequollenen augen,
                die fragend in den himmel starren.

SIE ist häßlich.
das ungeheuer hat IHR ihre schönheit genommen.
nein - es hat IHR mehr genommen ... wo ist IHR lachen?
wo ist ... ?
es hat IHR alles genommen.

SIE ist nicht SIE.
das UNGEHEUER ist SIE.

...

es ist still.
nur leises rauschen ist zu hören.
die unsichtbare kraft streichelt sanft über die haut.
kein feuer mehr.
nur noch das schneeweisse mondlicht,
        welches sich leicht verzerrt
                auf dem UNGEHEUER spiegelt.
hässliche leblose hülle auf algen.

wunderschönes, schlafendes UNGEHEUER.

egon

egon ist reich
aber IN WIRKLICHKEIT IST egon nicht geldgierig
das unterscheidet egon von anderen menschen
er gibt sein geld den armen und bedürftigen
egon macht ALLES NUR aus SELBSTlosigkeit
das BESTÄTIGen ihm die anderen durch achtUNG
egon ist sehr beliebt bei den anderen menschen

EGON IST EIN guter mensch
EGOn IST nicht WIE ALLE MENSCHEN

LLLLLLLLLLLLLLL   LLLLLLLLLLLLLLLLLLLLLLLLLLLLLLLLLLLLLLLLLLLLLLLLLLLLLLLLLLLL
LLLLLLLLLLLLLLLLLLLLLLLLLLLLLLLLLLLLLLLLLLLLLLLLLLLLLLLLLLLLLLLLLLLLLLLLLLLLLLLL
LLLLLLLLLLLLLLLLLLLLLLLLLLLLLLLLLLLLLLLLLLLLLLLLLLLLLLLLLLLLLLLLLLLLLLLLLLLLLLLL
LLLLLLLLLLLLLLLLLLLLLLLLLLLLLLLLLLLLLLLLLLLLLLLLLLLLLLLLLLLLLLLLLLLLLLLLLLLLLLLL
LLLLLLLLLLLLLLLLLLLLLLLLLLLLLLLLLLLLLLLLLLLLLLLLLLLLLLLLLLLLLLLLLLLLLLLLLLLLLLLL
LLLLLLLLLLLLLLLLLLLLLLLLLLLLLLLLLLLLLLLLLLLLLLLLLLLLLLLLLLLLLLLLLLLLLLLLLLLLLLLL
LLLLLLLLLLLLLLLLLLLLLLLLLLLLLLLLLLLLLLLLLLLLLLLLLLLLLLLLLLLLLLLLLLLLLLLLLLLLLLLL

-------------------------------- L --

L

L

L

L

LLLL

LLLLLLLLLL

>> *uftba on*<<
ein Stück Schnur in der Hand
hoch über der Zufriedenheit

>>*erhascht*<<
kurzer B ick in das Schwarz,
unsichtbare Formen erraten

>>*kombiniert*<<
keine Grund agen
kein Grund – kein Zie

>>*Opium*<<
trotzdem... weiter weiter weiter
weiter weiter weiter
weiter weiter
weiter weiter

>>*Imp osion*<<
kein P atz mehr##########ein
Haufen Sand in den Händen##
so ist das
eben

Fiktion ?

Einmal angenommen, in der Zukunft gibt es Systeme, auf dem Gebiet der künstlichen Intelligenz, in denen Leben so gut simuliert wird, das in einem Rechner eine künstliche Welt geschaffen werden kann, deren Bewohner einen eigenen Forschungsdrang entwickeln.
Einmal angenommen, die künstlichen Wesen kämen nach einiger Zeit selbst auf die Idee, Systeme zu entwickeln, die Intelligenz imitieren...

IST

Im Gras liegen, die Augen schließen,
Wärme spüren,

die eindrucksvollen Lichtillusionen
der Netzhaut bewundern,

Gedanken einfach schweifen lassen.

Ich sein? Das Gras erkennen?
Das Gras sein?

Der Gedanke. Ist?
Das Gras. Ist?

Empfindend.
Wer ist?

Gedankenverloren.
Was ist?

Alles ist...
Jeder ist... ob Real ist,
ob Ideal ist,
ob Material ist.

Alles ist wie es ist.

Aber nichts ist wie Alles ist.

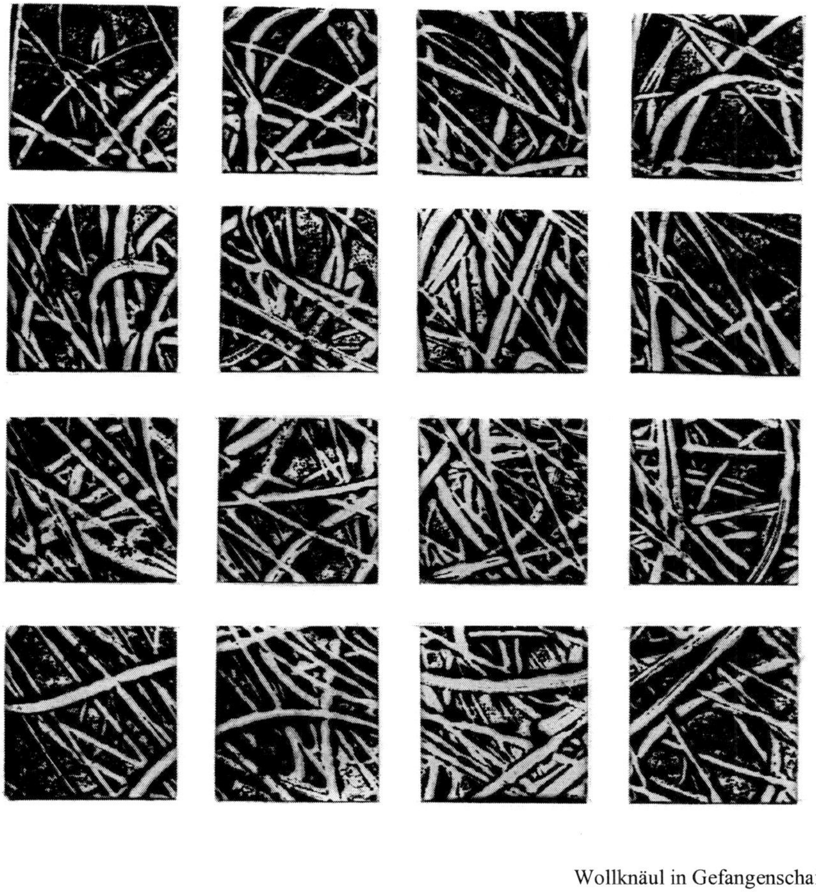

Wollknäul in Gefangenschaft

Zeit zum Aufräumen

Selbst wenn man über einen längeren Zeitraum hinweg versucht sich Zeit räumlich vorzustellen, wird man sich am Ende trotzdem wundern, das es zeitweise Räume gibt, die zeitlos eingerichtet sind.

Zeit
kommt
und
Zeit
ver-
geht.
Zeit
ist
immer.
Zeit
ist
überall.

Raum hat man meistens viel.

Zeit oft nur sehr wenig.

MOMENT

Ein unerwarteter Zeitpunkt in dem Ruhe heimlich in alle begreiflichen Sphären sickert und sich unbemerkt ausdehnt. Unbeschwertheit entflieht und verbirgt sich hinter profanem Widersinn. Die Ereignisse der letzten Zeit liegen auf dem Tisch und man selbst ist an der Reihe. Doch leider verliert Mikado den größten Teil seines Zaubers, wenn sich die Anzahl der Spieler auf Eins beschränkt. Und sollten neue Tischdecken weiterhin zum alltäglichen Resultat mentaler Auseinandersetzungen gehören, müssen zwangsläufig irgendwann alle Stühle durch Stehleitern ersetzt werden, was die Nahrungsaufnahme nicht unbedingt behaglicher gestaltet. Unzählige Fragen, die alle mit einem ‚W' beginnen und aus einem einzigen Wort bestehen, purzeln durch den Raum und versetzen dem Gemüt gelegentlich heftige Stöße, deren Überraschungseffekt nicht ungleich dem einer Kopfnuß ist. Versuche vorsichtige Vermutungen bezüglich gewisser Antworten zu denken, führen unweigerlich zu einem Besuch in einem Motorradgeschäft. Bedauerlicherweise haben Helme einen unangenehmen Nebeneffekt: Die Nahrungsaufnahme wird drastisch erschwert!
Also was muß man tun, damit man lernt Mögliches zu erkennen und Unmögliches zu vollbringen? Was darf man nicht können und muß man verbergen? Wann sind verdrehte Fragen angebracht? Kann man ein Schnitzel auch mit einem langen Strohhalm essen?
Und stimmt es, das Momente objektiv betrachtet nur sehr kurze Zeit andauern und abrupt enden?

NEIGE